I0215639

LK 12 826.

MÉMOIRE
SUR LES TERRES-BASSES D'APROUAGUE.

Je prie Monsieur Garnery de vouloir bien annoncer cet our le plutôt possible. Melleville

MÉMOIRE
SUR
LES TERRES-BASSES
D'APROUAGUE,
COLONIE DE CAYENNE;
AVEC
DES VUES D'ÉTABLISSEMENT
DANS
LES PLAINES DE KAW,
DÉDIÉ
A L'ASSEMBLÉE NATIONALE,

Par M. MONGROLLE.

J'aime mieux risquer de passer pour un sot, que de manquer l'occasion d'être utile.

A LAON,

De l'Imprimerie de Veuve MELLEVILLE, Imprimeur-Libraire du District.

M. DCC. XC.

AVERTISSEMENT.

L'ÉTABLISSEMENT d'une partie de la rive droite de la rivière d'Aproüague, préférablement aux plaines de Kaw, a quelque chose de si surprenant & de si extraordinaire, qu'on s'intéressera nécessairement à la lecture de ce Mémoire que je soumets au discernement des Personnes instruites & éclairées.

Je ne l'avois entrepris que pour ma satisfaction particulière ; mais, en considérant qu'il pouvoit servir à celle des Capitalistes, j'ai cru devoir le faire parvenir à l'Assemblée Nationale, au Ministre de la Marine & à ceux qui ont des vues spéculatives sur ce malheureux Pays, persuadé que tous ceux qui ont écrits sur l'Etablissement des Terres-basses de l'Aproüague, n'en ont pas parlé avec autant de franchise & autant de désintéressement que je le fais dans cet ouvrage.

Convaincu que la verité seule a droit de plaire, je m'y suis inviolablement attaché. Je produis donc, sans aucune partialité, l'historique d'un Etablissement commencé à grands frais, & j'ai pour garant de tout ce j'en avance, douze années d'habitude, tant au nord qu'au sud de la Colonie, l'expérience & l'observation la plus réfléchie. Content, en qualité de Rapporteur, d'avoir nettement exposé les résultats de cette entreprise, je n'ai prononcé qu'avec réserve, laissant aux Personnes sensées & aux Cultivateurs des terres-basses, de quelques contrées qu'ils puissent être, la satisfaction de décider sur les cas résultants que j'ai exposés.

Si l'on s'arrête au style de cet ouvrage, on le trouvera négligé ; mais je dois faire observer que ce sont des faits marqués au coin de la vérité que je rapporte, & qu'en conséquence je me suis plus attaché aux choses qu'aux mots.

ÉCLAIRCISSEMENT HISTORIQUE

Sur l'Établissement des Terres-basses de la Rivière d'Aproüague.

L'ASSEMBLÉE Nationale, tenue à Cayenne, Chef-lieu de la Guyane Françoise, en 1777, relativement aux moyens nécessaires pour tirer cette belle Contrée de l'espèce d'engourdissement où elle est plongée depuis 1676, qu'elle nous a été rendue, ayant unanimement prononcé que le seul remède étoit l'exploitation des Terres-basses qui bordent les rivières d'Oyapok, d'Aproüague, de Mahury & du tour de l'Ile de Cayenne, M. *Malouet*, (1) qui étoit alors Ordonnateur, fit un voyage à Surinam, Colonie Hollandoise, & y chercha quelque habile Ingénieur dans la partie agraire & hydraulique, pour donner aux Colons les premiers principes de desséchement, les diriger dans leurs travaux, & enfin les éclairer sur tous les procédés convenables à une si grande entreprise.

Les peines de cet infatigable & zélé Administrateur, ne furent point infructueuses ; il s'en procura

___

(1) M. *Malouet*, Intendant des Ports & Arsenaux de la Marine, à Toulon. Son Administration a été aussi douce que dirigée vers le plus grand bien de la Colonie. Plusieurs Habitants le regrettent, excepté les méchants ; mais il y en a par-tout.

un qu'il amena bientôt à Cayenne, & auquel il fit un traitement honorable. Quelques-uns des Habitants se hâtèrent de répondre aux vues patriotiques du Gouvernement ; mais le plus grand nombre, animés d'un esprit contraire, suivirent le syſtême primitif né de l'indolence & de l'ineptie. (1) Il en réſulta des brigues, des cabales, des écrits ſcandaleux contre M. *Malouet*, qui l'obligèrent enfin de fuir un pays où la plupart de ceux qui l'habitent, pleins d'orgueil & de préſomption, ſe confient malheureuſement trop à leurs vues ignorantes & bornées, leſquelles feront toujours préjudiciables à la proſpérité de cette Colonie qui, ſans cela, ſeroit depuis long-temps une des plus floriſſantes de ce continent.

Le ſyſtême reçu & avoué par l'Aſſemblée, reſta, pendant l'abſence de M. *Malouet*, ſans exécution. Néanmoins l'Ingénieur agraire ou, pour dire avec plus de vérité, l'Ingénieur hydraulique, s'occupa, durant cet intervalle, à deſſécher ou, pour parler plus juſte, à préſenter aux Colons un modèle du travail qu'exigeoient les Terres-baſſes, en exploitant une partie des vaſes qui entouroient le N. N. E. & S. S. O. de la ville de Cayenne, en perçant des canaux, en formant des bermes, digues, &c. &c. travail qu'il avoit appris lui-même chez les Hollandois, nos voiſins. (2)

D'après les rapports de M. *Malouet* qui avoit vu les commencements de ces travaux, & qui, malgré les diverſes tracaſſeries qu'il eut à eſſuyer ſur le coin de ce globe, a toujours montré pour cette Colonie,

---

(1) La plupart des petits Planteurs de la Guyane, ſuivent les procédés indiens : abattre, brûler, ſemer ou planter, & recueillir enſuite, telle eſt leur méthode. Auſſi certains Habitants changent-ils d'Etabliſſement preſque tous les ans, vu la trop grande facilité qu'ils ont d'obtenir de nouvelles conceſſions.

Vide Père *Labat*, dans ſon Voyage de Guinée à Cayenne.

(2) On compte 100 lieues de Cayenne à Surinam, ou Paramaribo.

des vues qui caractérifent l'homme zélé, le bon citoyen & le vrai patriote, le Miniftre appella cet Ingénieur du fein de la Guyane. Il ne tarda pas à fe rendre auprès de lui.

Les Terres-baffes reftèrent encore dans l'inaction, & y feroient toujours demeurées, fi M. le Baron *de Beffner*, nommé Gouverneur de la Colonie, ne fût venu, en 1781, exciter de nouveau l'ardeur des Habitants pour cette partie, la feule capable de mettre la Colonie de Cayenne au niveau des Antilles & de l'Archipel Américain, lorfqu'elle fera bien dirigée & bien adminiftrée. L'Ingénieur hydraulique revint avec lui ; mais il avoit, dit-on, préalablement préfenté au Miniftre, fes vues & fes moyens d'Etabliffement pour cette Colonie, & particulièrement le projet d'établir la rivière d'Aproüague, projet qu'il lui fit agréer, dit-on, avant de partir. L'exécution en eft à peine finie, & il en coûte à l'Etat cependant près d'un million de dépenfes.

M. le Chevalier *Dubois-Berthelot*, & le Sieur *Guifan*, cet Ingénieur dont il s'agit, avoient, par ordre du Gouvernement de la Guyane, précédemment parcouru & traverfé des plaines immenfes, qui prennent depuis le pied des montagnes de Kaw, & viennent border la rive gauche du Mahury, par fon embouchure : ces plaines étoient ignorées depuis des fiècles, & les Habitants qui en avoient connoiffance, les appelloient indifféremment *Savannes noyées*, (1) parce qu'en effet dans le temps de l'abondance des pluies, leur furface l'eft toujours. Ils parcoururent auffi les Pineautières (2) d'Oyapok & d'Aproüague ; par-tout les terres fe trouvoient également végétatives : mais M. *Dubois-Berthelot*, un des Habi-

---

(1) Prairies noyées.
(2) Du nom d'un Palmifte appellé *Pineau*.

tants de la Colonie le plus éclairé, reconnoiſſoit celles des plaines de Kaw pour être ſupérieures, & même leur donnoit la préférence.

L'opinion de M. *Guiſan* pour les bords de la rivière d'Aproüagne, fut alors indéciſe, & ne prévalut qu'à l'arrivée du Baron *de Beſſner*, lequel concéda des terrains aux Habitants qui voulurent s'y établir. A cette époque, le Gouvernement s'empreſſa de donner l'exemple, en deſſéchant un eſpace immenſe pour former le nouvel Etabliſſement du Collège où l'on a élevé une Sucrerie que l'on dit être maintenant abandonnée.

Cauſes de la chûte de l'Etabliſſement d'Aproüague.

LES nouveaux Colons d'Aproüague, à l'envi l'un de l'autre, ſe hâtèrent de deſſécher en partie leurs conceſſions. Ils commencèrent par y planter des Cotons, qui devinrent ſuperbes la première année ; mais quelle fut leur ſurpriſe par la ſuite, quand ils s'apperçurent que leurs cotonniers ſe deſſéchoient & ne produiſoient preſque rien. Ils en cherchèrent les cauſes phyſiques, & bientôt ils dûrent être convaincus que l'enthouſiaſme & l'ignorance avoient fait tout le mal. En effet, rien de plus déſavantageux pour un Etabliſſement que ce premier vice, parce qu'il aveugle, & ne nous montre le danger que lorſqu'il eſt inévitable. Quant à l'autre, ils auroient dû s'appercevoir que la terre étant trop compacte, trop argilleuſe, par conſéquent, ſans filtration, elle s'oppoſoit naturellement à la végétation ; qu'en outre les deux bords de la rivière étant boiſés juſqu'à une profondeur de près de quatre lieues, l'air ſe trouvant intercepté, l'arbre qui fournit cette riche & précieufe denrée, étant étouffé par les rayons brûlants du foleil que l'air ne pouvoit rafraîchir, faute de pouvoir y pénétrer, & en même-temps dégarni de fubftance à fa racine, ils ne pouvoient point, ou fort peu, en recueillir les fruits.

Ils glifsèrent légèrement fur cette contradiction, & fixèrent leurs fpéculations vers l'arbre qui produit le Café, parce que, dans fa naiffance, il promettoit de réuffir; mais leur rapacité fut trompée, ils ne faifirent que l'illufion à la place de la réalité. Tous ceux qui en plantèrent, crurent que leur fortune étoit faite. Quelle erreur ! A mefure que le pivot s'étendit dans la profondeur, il changea bientôt, végéta triftement & finit par mourir, fans avoir donné le moindre revenu, parce que le terrain n'étant pas defféché complétement, & pas affez fur-tout pour un arbufte dont les racines s'étendent jufqu'à trois & quatre pieds, il étoit immanquable qu'en atteignant l'eau falée ou faumâtre ou même douce, il ne pérît fur pied.

Les Cotonniers n'ouvrant point leurs caboffes, faute d'air, aliment néceffaire à cette denrée, les Caffiers mourant de jour en jour, par la raifon que j'ai expofée plus haut, & les atteliers des nouveaux établis étant trop foibles pour élever des Sucreries, ces Habitants s'avisèrent alors de femer de la graine d'Indigo. Il devint fuperbe, & donna les plus flatteufes efpérances, d'après les procédés employés & les réfultats de la fabrique de cette denrée eftimée, dit-on, auffi belle qu'à Saint-Domingue, & même d'un degré fupérieur, s'il faut en croire le Sieur *Robert*, (1)

---

(1) Cet Indigomane, Ecolier des Sieurs *Mazin*, a fait circuler dans les Ports de France, un Mémoire fur les avantages de cette fabrique dans les Terres-baffes de l'Aproüague, qui ne peut qu'induire tout Capitalifte dans la plus grande erreur, en ce qu'il donne bien un apperçu défectueux des revenus qu'il n'a jamais obtenus, (quoiqu'ayant 100 & quelques Noirs ;)

le plus intrépide enthousiaste de la contrée Aproüaguaise. Ainsi, après une mise dehors conséquente & des dépenses incroyables, tant en vivres qu'en charrois & transports par mer, (cette Colonie étant éloignée de trente lieues de la Capitale,) ces Habitants se trouvent maintenant réduits à cultiver quelques carrés d'Indigo qui ne rendent pas toujours ce qu'ils s'en promettent, & du produit desquels ils ne peuvent espérer de joindre les deux bouts, ni même d'absorber leurs dépenses premières.

Tels sont les effets de l'enthousiasme de ces Habitants qui, sans chercher à prévoir les suites, ont couru au galop dans leurs travaux, pour mieux accélérer leur perte ; ce qu'ils auroient pu néanmoins éviter, s'ils avoient suivi le précepte d'un Sage :

Réfléchissez avant que de rien entreprendre.

Car s'ils eussent bien examiné & mis en ligne de compte le chapitre des événements qui sont inséparables d'une pareille entreprise, tels que la trop grande quantité de pluie (1) qui nuit infiniment aux étamines de cette herbe ; les chenilles qui, faute d'un air courant, dévastent, en une nuit, un champ d'Indigo, & ruinent le Cultivateur ; les mauvais procédés employés dans la fabrique, faute de bien s'instruire, qui sont autant de pertes irréparables pour le Manipulateur-propriétaire ; & le peu d'espoir d'ameublir le terrain qui a constamment produit cette denrée, vu que cette plante est un poison funeste qui détériore absolument les meilleures terres, quoique plusieurs prétendent cependant que le fu-

---

mais non celui des dépenses nécessaires pour y parvenir, qu'il a sans doute oubliées dans le délire de son imagination exaltée, qui lui faisoit prendre les vases de la rivière d'Aproüague, pour les sables précieux du Pactole.

(1) J'ai déjà dit que cette Contrée étoit boisée jusqu'à près de quatre lieues dans l'intérieur des terres, & personne n'ignore que les grands bois attirent les nuages : dans un pays déboisé, les pluies sont moins fréquentes.

mier qui réfulte de l'herbe manipulée ou herbe qui a eſſuyé la fermentation, eſt des plus excellents pour l'engrais ; s'ils euſſent bien examiné, dis-je, ils auroient reconnu, ſans beaucoup de peines, que leur ſituation dans les Terres-baſſes de l'Aproüague, ne pouvoit qu'être plus déſaſtreuſe que profitable à leurs intérêts. Mais ce dangereux eſprit de parti qui s'eſt toujours oppoſé aux grandes choſes dans les petites Villes, dans les petits Pays & dans les petites Républiques, ne règne pas moins dans cette Colonie, & avec d'autant plus de force, que les quatre ou cinq Colons, exécuteurs principaux de ce nouvel Etabliſſement, ſont parvenus à ſéduire l'Adminiſtration, en lui cachant toutefois le côté vicieux qui les fait échouer, afin de s'entretenir dans ſa faveur, laquelle nourrit en eux une morgue injurieuſe aux autres Colons, qui diffèrent beaucoup de leurs ſentiments ſur les Terres-baſſes de la rivière d'Aproüague.

Je ſuis bien éloigné de dépriſer les Terres-baſſes de la rivière d'Aproüague, qui peuvent être ſuſceptibles de produire des Cannes à ſucre & de l'Indigo ; (1) mais je ne peux m'empêcher de dévoiler les faux principes, ſelon moi & ſelon des gens plus inſtruits, que l'aveugle enthouſiaſme & la fauſſe combinaiſon ont fait employer. Car ſi, au lieu d'avoir deſſéché en pleine vaſe, les Habitants avoient eu aſſez de courage pour attaquer dans la profondeur de leurs conceſſions, (2) ils auroient

---

(1) Cultures que n'entreprendront jamais les Habitants actuels de cette Colonie, vu les forces & les dépenſes outrées qu'exigent ces deux ſortes de fabriques ; vu le défaut de numéraire & d'encouragement ; & vu l'indigence qui y règne.

(2) Les Etabliſſements ſont exactement ſur le bord de la rive ; les denrées qui y naiſſent, ſont la proie des *Cruſtacées* qui en attaquent le germe dès le moment de leur naiſſance ou du développement ; ſouvent elles ſont couvertes de vaſes que les grandes marées y amènent à chaque reflux, qui les font périr.

trouvé une terre meuble & permanente, recouverte, d'environ un pied, d'un léger terreau formé par les fouches de Pineaux & de plantes aquatiques qui y meurent & renaiffent fucceffivement, laquelle, malgré le défaut d'air, leur auroit toujours donné quelque peu de Coton qui les eût dédommagé en partie, d'autant qu'il ne différe en rien de celui des Terres-hautes, parce que le terreau auroit garni les racines, & entretenu une fraîcheur auffi falutaire qu'indifpenfable à la végétation de cette denrée.

Tel eft l'hiftorique en abrégé de l'Etabliffement des Terres-baffes de la rivière d'Aproüague, jufqu'à ce jour, lequel devoit, dans le principe, procurer à la Colonie une extenfion de commerce avantageux, & à la Métropole un revenu affuré ; mais comment a-t-on pu fe flatter d'une efpérance auffi illufoire ? En rapprochant de près & fans partialité les obftacles qui s'y oppofoient naturellement, on verra que c'étoit le projet le plus mal vu, le plus mal combiné, & qui n'auroit jamais eu lieu, fi M. *Malouet* avoit toujours tenu les rênes de l'Adminiftration de cet excellent & malheureux Pays ; car fes vues s'étendoient fur les plaines de Kaw, dont j'ai déjà parlé, au bout defquelles il avoit projeté de faire ouvrir un Canal qui les auroit traverfé S. S. E., à peu près, de la rivière de Mahury à celle de Kaw, dans une étendue d'environ dix à douze lieues.

M. *Malouet* auroit été d'autant plus éloigné d'adhérer à l'exécution du projet d'Aproüague, qu'il connoiffoit le mauvais effet d'un Etabliffement éloigné du Chef-lieu, & auquel les fecours ne peuvent parvenir qu'après bien du temps & au rifque de beaucoup de dangers, ce qu'a éprouvé & éprouve encore la Colonie naiffante d'Aproüague. Un des moindres effets de l'éloignement que j'ai obfervé, eft celui d'une Goëlette (1) du Roi, qui a mis près d'un mois pour remonter de Cayenne à l'embouchure de la rivière, & cela par la contrariété des vents. J'en citerai encore qui ne font pas moins préjudiciables aux Colons : c'eſt, 1°. la difficulté de ſe procurer des vivres, n'ayant point à leur proximité de Terres-hautes pour en cultiver, & étant obligés de recourir au magaſin du Roi établi au Collège : & ces vivres, comme on l'a vu plus haut, arrivent très-ſouvent lorſqu'on eſt dans la dernière néceſſité; & 2°. c'eſt la difette d'eau : car celle dont on eſt obligé de ſe ſervir, eſt d'autant plus nuiſible à la ſanté, qu'elle eſt tirée des Pineautières, par conſéquent, de lieux marécageux, & dont la teinte brune ſeule répugne, ſource d'une infinité de maladies parmi les Blancs & les Nègres qui ne peuvent ſe procurer aucun ſecours particulier. Toutes ces difficultés réunies, comme on voit, forment un enſemble onéreux, & concourent à l'inexécution d'un auſſi vaſte projet, tant par la qualité du ſol, le défaut d'air courant, le manque d'eau & l'éloignement qui n'eſt pas une des moindres.

Ce n'eſt pas ſans douleur, j'oſe le dire, que les Colons d'Aproüague s'apperçoivent aujourd'hui qu'ils auroient beaucoup mieux aſſuré leurs ſpéculations, s'ils ſe fuſſent établis dans les plaines de Kaw, (2) dont le ſol eſt infiniment ſupérieur aux Terres-baſſes d'Aproüague, d'Oyapok, (3) &c., &c. ; mais

─────────

(1) Petit vaiſſeau à deux mats, du port d'environ huit, dix & quinze tonneaux. Cependant il y en a de plus forts, & qui ſoutiennent le trajet de France en Amérique.

(2) M. le Chevalier *Dubois-Berthelot* vient d'y former un Etabliſſement conſidérable qui, malgré le défaut de bras néceſſaires à ſa perfection, répond parfaitement à ſes ſoins, à ſon expérience & à ſon opinion.

(3) De vieux Colons, amis du ſyſtême Aproüaguais, prétendent que des Chaſſeurs Indiens ont mis le feu à ces plaines, pour en avoir les Caïmans & les Poiſſons qui s'y trouvent ; & que le terreau qui y

l'opinion générale s'étant manifeftée pour Aproüague, d'après le dire de l'Ingénieur Hollandois, & le fot préjugé qui régnoit fur ces prétendues *favannes noyées* abfolument indefléchables, opérèrent un oubli total de ces terres. Cependant M. *Vareille de la Brégeonniere*, Canadien, ancien Officier des troupes de la Garnifon, qui, depuis la naiffance du nouveau fyftême, a toujours conftamment travaillé les Terres-baffes, ayant obfervé la bonté du fol de ces plaines, par des expériences réitérées, qui tiennent à de grandes connoiffances dans l'Agriculture Américaine, reconnut la néceffité d'y faire un canal pour s'y établir. Dès-lors, réuniffant l'intérêt particulier à l'intérêt général, il propofa au Gouvernement de la Guyane, de l'entreprendre jufqu'à une certaine profondeur, avec fon attelier compofé de fix ou fept Mâles, pourvu qu'on y joignit un même nombre de Nègres du Roi ; mais M. l'Ordonnateur trouva convenable de refufer fa propofition, fingulièrement avantageufe à la Colonie, fous prétexte que les atteliers de Sa Majefté manquoient de bras fuffifants pour fes propres travaux, quoiqu'il lui eût néanmoins donné l'efpoir de le feconder dans fon entreprife qui n'auroit, pour ainfi dire, prefque rien coûté au Roi.

Réflexions fur les caufes de la chûte ; affertion prouvée, & bonne foi du Miniftre compromife.

LE filence de M. l'Ingénieur agraire & hidraulique fur ces plaines, a lieu d'étonner au premier coup-

---

féjourne, n'eft que la fubftance ou fuperficie de la terre brûlée jufqu'à une certaine profondeur. Cette idée fera réfutée dans ce qui concernera les plaines de Kaw, parce que nous ofons nous flatter d'avoir obfervé.

d'œil ; il est d'autant plus surprenant, qu'il lui est impossible de réfuter l'opinion de M. *Dubois-Berthelot*, avec lequel il les a parcourues & sondées, & que s'étant trouvés du même avis, ils ont unanimement certifié le journal qui exposoit leurs bonnes qualités, dont copie est déposée dans les archives de l'administration de MM. *Fiedmond* & *Maloüet*. Néanmoins, tout obscur & tout singulier que paroisse ce silence, il a été deviné par des observateurs justes, clairvoyants & sans préjugés, qu'il tenoit non-seulement à la vanité d'être créateur, mais encore à la crainte d'être observé (1) ou désavoué dans ses opérations : on a même prévu que ce point d'orgueil & cette marque de suffisance, joints aux obstacles locaux, completteroient entiérement la défectuosité de cet Etablissement : on en a des preuves non équivoques par la Sucrerie du Collège, laquelle, (quoique commencée depuis huit ans avec des frais prodigieux,) n'a pas encore donné un Boucaut de sucre, une Canne de bon syrop & un pot de bon taffia. (2) S'il faut ajouter foi aux nouvelles de cette Contrée, lorsque je m'embarquai pour la France, elles assuroient que les Palétuviers (3) remplaçoient les Cannes à sucre, plantées en petit nombre ; que les tranches & les fossés se comboient tous les jours ; que les bermes & digues étoient à recommencer, (4) & que le sol étoit

---

(1) Que l'on se rappelle que la rivière d'Aproüague, dans la partie du sud, est éloignée de 30 lieues de l'île de Cayenne, & que les plaines de Kaw ne sont séparées de cette dernière, que par la rivière de Mahury qui baigne les bords de cette Ile.
(2) Eau-de-vie de Canne.
(3) Mangliers dont la description se trouve dans les Voyages de M. *Foyer*, & dans les Dictionnaires d'Histoire naturelle, de M. *de Buffon* & de M. *de Bomare*.
(4) Quoiqu'il en soit de cette imperfection qui devoit faire trembler son auteur, elle a été si bien cachée aux Gouverneurs qui ont succédé à M. le Baron *de Bessner* ; on leur a vraisemblablement si bien fasciné les yeux, si bien caché les choses ; on a su si bien mettre à profit

diminué de quinze à dix-huit pouces de terre végétale qu'on avoit reconnu dans le principe. Depuis mon départ, j'ai appris, avec douleur, par différentes lettres, que cet Établissement étoit dans la même situation, & que les Habitants désespéroient d'en venir à leurs fins.

Mais quelle fut la surprise des observateurs impartiaux du pays, lorsqu'ils eurent connoissance de la lettre ministérielle de M. le Maréchal DE *Castries*, adressée aux Commissaires des Ports & Arsenaux de Marine, tendante à engager les Capitalistes d'Europe, de quelque état, religion qu'ils puissent être, de passer à Cayenne, à l'effet d'y faire valoir les Terres-basses d'Aproüague & d'Oyapok, *qu'ils trouveroient toutes nivelées*. Elle fut d'autant plus grande, que le nivellement dont il est question, pris sous son véritable sens, donne à croire aux étrangers que ces terres sont déjà déboisées, dessouchées, desséchées, préparées, & n'attendant plus en un mot, pour se conformer aux termes de cette lettre, que des Cultivateurs actifs & courageux. Cependant rien de tout cela : le terrein des deux bords de ces rivières, particulièrement celle d'Aproüague, excepté les concessions à moitié établies sur une partie de la rive droite, est encore en ce moment dans son état naturel, c'est-à-dire, qu'il n'attend que la hache du Cultivateur pour le dégarnir d'une forêt de Palétuviers, de Pineaux, de Cambrouses ou Bambous qui, aux yeux d'un nouveau débarqué, paroissent un Hydre qui se reproduit sans cesse.

---

leur peu d'expérience, (comme neufs en cette partie,) sur les moyens & les détails d'un pareil Etablissement, que la plupart sont revenus de ce lieu à la Capitale, l'esprit séduit par les quatre ou cinq Colons enthousiastes qui l'habitent, (trop peu modestes pour se démentir,) prévenus de l'idée d'Aproüague, & blâmant, pour ainsi dire, les clameurs de divers Habitants qui n'aspirent qu'après l'exécution du Canal ci-devant projeté.

En

En réfléchissant sérieusement sur une assertion aussi controuvée, qui a d'autant compromis la bonne foi de M. le Maréchal *De Castries*, qu'il n'a été forcé de tenir un pareil langage que d'après les comptes, les rapports & les plans de situation qui lui ont été adressés, on est tenté de croire qu'elle doit sa naissance à l'intérêt personnel, à l'esprit de parti & à la crainte de décourager le Gouvernement. Par intérêt personnel : on prétend que M. l'Ordonnateur actuel y ayant une possession, (1) il a été forcément engagé de faire des prosélites. Par l'esprit de parti : qu'il a dû être séduit au premier abord, par des hommes qu'il ne pouvoit connoître, & qu'il n'avoit pas encore eu le temps d'étudier ; & dans la crainte de décourager le Gouvernement qui a versé des sommes immenses sur cette riche & malheureuse Plage ; parce que s'il l'eût abandonnée, il n'auroit plus eu le moyen de dispenser, à son gré, les 30,000 £ qu'il a privilégièrement accordées, à titre d'encouragement, aux Habitants qui s'y sont établis, une partie desquels commence à perdre l'espoir de réussir, & de jamais se libérer des foibles avances qu'ils ont reçues. (2)

Mais pour convaincre & appuyer ce que j'avance, relativement à l'erreur dans laquelle on a osé induire le Ministre, qui ne peut être blâmable, je vais citer l'effet qu'elle a produit sur les deux premiers indi-

---

(1) Sous un autre nom à la vérité ; mais n'importe : cette marche tortueuse est toujours contraire à l'Ordonnance qui défend, à aucun Administrateur des Colonies, d'avoir un pouce de terre en propriété. On ne peut qu'admirer la sagesse & l'esprit de cette Ordonnance qui lie les bras aux Agioteurs ; mais ils n'ont jamais appréhendé les rayons du soleil de Versailles, parce qu'ils en étoient trop éloignés, & que la verge despotique dont ils se servoient, en imposoit aux âmes molles & pusillanimes, mais non à celles que la vérité & l'énergie inspireront jusqu'au moment où elles ne pourront plus crier à l'injustice.

(2) Je n'avance rien que de positif. M. *Tugny*, Ingénieur-géographe du Roi, a vendu son Etablissement, dans la crainte d'être ruiné ; & les Sieurs *Treitt*, Allemands, cherchoient, en 1789, à se défaire du leur, par la même raison.

B

vidus qu'elle a également séduits, & qui, d'après la lettre circulaire, ont établi leur spéculation à cet égard.

Un Négociant de l'Orient, a engagé un de ses amis, avec lequel il s'est intéressé, de passer à Cayenne pour y former un Etablissement en Terres-basses. Dans cette intention, M. le Maréchal DE *Castries* lui accorde son passage *gratis*, ainsi qu'à son épouse & à son fils. Arrivé dans la Colonie, qu'a-t-il vu, qu'a-t-il éprouvé, qu'a-t-il observé ? . . . . Il a commencé par réclamer les avances & les encouragements promis à ceux qui feroient cette démarche ; il a demandé qu'il lui fût concédé un espace de terrain dans la partie prétendue *nivelée*, ainsi qu'il le croyoit par la lettre du Ministre, qui a été insérée dans les gazettes & journaux ; mais toutes ces demandes ont été reçues avec une froideur étonnante, néanmoins gazée de la promesse d'y satisfaire. En vain s'est-il écrié qu'on l'avoit trompé ! On lui a répondu que le Ministre avoit donné des ordres formels de ne faire aucun prêt de Nègres, qui est sans doute une des principales avances dont il a voulu parler dans sa lettre, sans laquelle il est impossible au nouveau Colon de rien entreprendre, à moins que d'avoir un attelier tout paré ; & qu'à l'égard du terrain en question, l'on s'occuperoit de lui en trouver un. (1) Je laisse à penser maintenant quelle méfiance ce peu de réussite n'aura pas inspiré, lorsque les premiers qui se sont hasardés, auront donné de la publicité à leurs plaintes ?

---

(1) Enfin, après quinze mois de peines, de démarches, de lenteurs, de promesses & d'assurances, ce pauvre Emigré, en proie au chagrin le plus vif, n'a pu obtenir qu'un petit coin de terre où reposent maintenant ses os, laissant une femme & un enfant à la merci des inconnus. C'étoit bien la peine de passer les mers !

Je terminerai ce Mémoire par la description des plaines de Kaw, dont j'ai déjà parlé, & je présenterai des moyens solides & plus encourageants, qui ne pourront jamais, j'ose le dire, ruiner ceux qui en feront usage.

Description & vues sur les Plaines de Kaw.

CES plaines bordent la rive du Mahury, opposée à celle qui baigne les bords de l'Ile de Cayenne, (1) & sont par conséquent à proximité du Chef-lieu, des habitations de la Côte, & à l'abri de toute espèce de contradiction & de danger. La nature du sol est partout la même, c'est-à-dire que la terre n'est point brûlée, comme d'anciens Habitants le prétendent, mais composée d'une vase douce & légère, déposée peut-être depuis 8 à 900 ans par la mer, mêlée de partie de sable qui l'ameublit & facilite les filtrations, recouverte dans toute son étendue de quatre à cinq pieds de terreau provenant d'une plante à panache, de la hauteur d'un homme ordinaire, laquelle tombant de vétusté, s'affaisse, pourrit & se renouvelle de son pied. L'air y circule avec une facilité qui rafraîchit l'atmosphère, même en plein midi, & les eaux y sont douces, pures & point mal-faisantes, avantages précieux dont ne jouit pas l'Aprouague qui ne peut être établi, nous ne cesserons de le répéter, que par

---

(1) Cayenne est l'endroit le plus favorable à l'espèce humaine, & le plus anciennement peuplé. Un climat doux, un air pur, un sol fertile & qui produit presque sans culture, telles sont les belles contrées de la Guyane. Les fruits les plus délicieux y parfument l'air, & fournissent une nourriture saine & rafraîchissante ; des arbres, en tout temps, garnis de feuillages, y présentent des ombrages impénétrables aux rayons du soleil. La Guyane, enfin, si l'on en excepte un petit nombre de terrains aquatiques, de lieux ingrats & sablonneux, est encore le Pays le plus fertile du monde.

de forts Capitaliftes, & non par de foibles habitants qui voudroient s'abandonner à ce genre de travail.

D'après cette fituation avantageufe à tous égards, tant par la proximité de tous les fecours poffibles, que parce que ces plaines n'ont qu'un rideau de Palétuviers qui les cache à la vue de la rivière de Mahury, lequel rend le travail infiniment plus aifé, parce qu'en atteignant le terreau où font les plantes à panage, il ne refte plus après qu'à les abattre au fabre, enfuite creufer, foffoyer (1) &c. &c. On pourroit, fuivant mon idée & celle de ceux qui ont vu comme moi, percer un Canal qui prendroit de la rivière de Mahury & joindroit celle de Kaw, fur le bord duquel il eft poffible de placer quarante à cinquante habitants, & même plus. Un autre avantage qui en réfulteroit, c'eft que de la rivière de Kaw à celle d'Aproüague, dans l'intérieur des terres, on pourroit également, (dans la même direction S. S. E., ou dans une autre plus conforme à la fituation des lieux que je n'ai pu relever qu'au coup-d'œil,) ouvrir un Canal, donner des conceffions, lefquelles étant exploitées, déboiferoient totalement cette partie, changeroient l'atmofphère de cette Contrée en tout temps pluvieufe, (2) procureroient un courant d'air dont elle eft privée, & donneroient des reffources infinies qui ne peuvent qu'engager des Spéculateurs. Alors il eft de toute évidence qu'une centaine de Colons, qu'il eft facile de réunir dans ces deux efpaces contigus, cultivant avec zèle & activité toute efpèce de denrées, ren-

---

(1) Ce travail deviendroit encore plus facile pour ceux qui, au moyen du Canal, s'établiroient dans la profondeur, parce qu'ils n'auroient pas de Palétuviers à abattre, mais feulement quelques arbuftes fauvages qui fe rencontrent çà & là dans ces plaines qui renferment quelques Ilots de fables, où l'on peut aifément affeoir fon Etabliffement.

(2) Il m'eft arrivé plus d'une fois, lorfque j'habitois les Terres-baffes de la rivière d'Aproüague, de payer limpide, fur ma tête, le même élément que je foulois liquide, à mes pieds.

droient, en moins de trois ans, la Colonie auſſi floriſſante que les autres, principalement ceux qui s'établiroient dans les plaines de Kaw, parce que j'y ai vu venir des denrées, ſemées & plantées pour eſſai, avec la plus prompte, la plus active végétation, & de la plus grande beauté. (1) Je puis encore aſſurer, avec vérité, avoir fouillé le terreau dont ces plaines ſont couvertes juſqu'à quatre pieds & demi, l'avoir preſſé dans les mains, comme ſi c'étoit une éponge, ſans qu'il y ait laiſſé la moindre tache qui caractériſe une ſubſtance douteuſe, ou qui annonce qu'on ne doit l'attribuer qu'à l'effet du feu qui *en brûlant l'herbe de ces plaines, a attaqué la ſurface de la terre juſqu'à une certaine profondeur.* (2) Le fait eſt-il poſſible ou impoſſible, ou ne ſeroit-ce pas le langage de l'ineptie & de la paſſion ? Je laiſſe aux Naturaliſtes & aux Perſonnes réfléchies, le ſoin de décider cette queſtion.

Maintenant que j'ai donné une idée juſte de ces terres, que j'appellerai ſans enthouſiaſme, terres de prédilection, par l'expoſition du lieu, la bonté du ſol & la proximité de toutes ſortes de reſſources, il eſt convenable, pour bien remplir mon but, de parler des moyens qui peuvent aſſurer la ſpéculation des Capitaliſtes d'Europe qui, à l'invitation & ſous la faveur du Gouvernement, ſe propoſeront de paſſer à la Guyane, parce qu'il eſt de leur intérêt & de la prudence, avant d'entreprendre aucune opération en

---

(1) Deux débouchés ſe préſentent naturellement pour l'importation des marchandiſes d'Europe, & l'exportation des denrées de cet Etabliſſement : l'un par la rivière de Kaw, & l'autre par celle de Mahury. Il eſt vrai de dire que ces deux rivières ne ſont pas ſuſceptibles de porter de forts vaiſſeaux ; mais des bâtiments de ſept à huit tonneaux, conſtruits pour le cabotage, peuvent y naviguer ſans riſques ni périls.

(2). Tel eſt le langage d'une partie des Habitants de la Guyane, les plus acharnés au ſyſtême d'Aproüague, qui cependant ne s'accorde guères avec leurs principes.

Vide Note 2.

ce pays, de parer aux inconvénients inféparables de toute entreprife, & particulièrement de celle-là.

Moyens qui peuvent affurer la fpéculation d'un Capitalifte.

EN fuppofant que le Canal des plaines de Kaw s'exécute, & que le nouvel Habitant y ait obtenu une conceffion, il feroit néanmoins très-embarraffé pour l'exploiter, s'il fe repofoit fur les fecours des habitations que pofsèdent Sa Majefté, qui ne peuvent être difpenfés qu'en petite portion, vû la foibleffe de fes atteliers & la fituation des affaires de la Colonie ; il le feroit encore davantage s'il s'opiniâtroit à faire travailler les Nègres, Pièce-d'inde, (1) qu'il pourroit acheter en arrivant, fpéculation qui feroit onéreufe à fes intérêts, par les rifques certains qu'il auroit à courir, comme on verra par la fuite. Il eft donc néceffaire & indifpenfable, avant toutes chofes, qu'il fe procure, le plus près poffible de la rivière de Mahury, l'acquifition d'un Etabliffement en Terres-hautes avec fon attelier, cela pour diverfes raifons plaufibles & non chimériques.

1°. Parce qu'il fe trouveroit d'abord chez lui ; qu'il auroit le temps de fe reconnoître, de s'acclimater, d'obferver le local du pays, & d'établir fes fpéculations avec plus de folidité. (2)

_____

(1) On entend aux Iles par Pièce-d'inde, un Nègre fortant des comptoirs du Sénégal, de Goré, de Juda, &c., &c,

(2) Comme il n'y a point d'habitations à vendre dans l'endroit que je défigne, pour le nombre des Capitaliftes qui pourroient y faire des entreprifes ; qu'il peut, tout au plus, s'en trouver fept à huit qui ferviroient à ceux qui feroient dans l'intention de s'établir fur les bords du Canal, j'obferve, (pour n'être point rétorqué dans mes moyens,) que ceux qui habiteroient dans la profondeur des plaines de Kaw, auroient la reffource

2°. Parce qu'il pourroit se servir d'une partie des Nègres pour commencer son exploitation, pendant que l'autre cultiveroit les denrées de son Etablissement provisoire, lesquelles donneroient des secours qui rendroient la mise dehors insensible.

3°. Parce que s'il vouloit augmenter son attelier en Nègres, Pièce-d'inde, il auroit la facilité & l'assurance de leur procurer des vivres de toute espèce, sans aucuns débourses, objet monstrueux qui doit fixer l'attention d'un nouvel Habitant ; parce qu'il occasionneroit indubitablement sa ruine ; s'il négligeoit de planter des vivres en abondance, pour des individus qui, pendant leur traversée, n'ont pas été nourris suivant leurs appétits plus ou moins voraces, & qui, nouvellement transplantés sous cet hémisphère, mangent quatre fois plus que ceux nés dans le pays. (3)

Et 4°., en ce qu'il est absolument impossible de commencer de semblables travaux avec des Nègres de la Côte, parce qu'auparavant de les rendre propres à la culture, à une certaine adresse & à un certain usage, auquel il est nécessaire qu'ils soient dressés, il est essentiel, pour ne pas les perdre, de les habituer à quelques petits travaux, afin de les acclimater, & d'en tirer des secours qu'on n'obtient, très-souvent, qu'au bout de dix-huit mois. Mais si par défaut d'expérience, ou par une idée systématique, le nouvel Habitant ne vouloit employer à son dessèchement que des Nègres nouvellement émigrés,

---

des montagnes qui se trouvent au bout, dont le sol est réputé dans la Guyane, pour un des meilleurs en ce genre. Ces terres une fois cultivées, donneroient des vivres, & procureroient un abri assuré aux Habitants, à leurs Nègres & à ceux que le Gouvernement pourroit leur prêter. Ce seroit d'ailleurs le véritable moyen d'établir ce quartier qui contient peu de Colons, parce que les risques du dehors les ont arrêtés sur les avantages réels & effectifs que renferment ces montagnes.

(1) Cette fringale dure environ un an ou, pour mieux dire, jusqu'à ce qu'ils soient faits à la nourriture de leurs Compatriotes.

courroit infailliblement à la ruine, en ce que les Noirs qui arrivent de la côte d'Afrique font tous ordinairement sujets à des maladies originaires ou contractées dans leurs Pays : telle, par exemple, que le *Ver de Guinée* ou *Dragonneau*, dont la description & les dangers se trouvent si bien décrits dans le dixième Mémoire sur Cayenne, par M. *Bajon*, ancien Chirurgien-Major de la Colonie, Correspondant de l'Académie Royale des Sciences.

Ce n'est donc qu'en employant les procédés que je viens d'établir, que le Capitaliste pourra travailler avec assurance & avec bien moins d'inconvénients, j'ose le dire, que s'il suivoit une autre marche, qui ne pourroit être que défectueuse & propre à sa ruine.

Moyen pour exécuter & entretenir le Canal de Kaw, relativement au local.

D'APRÈS le vœu général de la majeure partie des Habitants de la Guyane, qui ont reconnu l'importance d'un Canal dans les plaines de Kaw, on a lieu de croire qu'ils s'employeroient de tous leurs moyens pour en hâter l'exécution, qui les intéressant, doit aussi intéresser le Gouvernement : les propositions ultérieures faites à l'Administration par un seul particulier, ainsi qu'on l'a vu dans l'éclaircissement historique, prouvent évidemment le désir des Colons : il auroit été à souhaiter, pour leur bien être & la prospérité de la Colonie, qu'elle les eût considérées sous leur véritable point de vue ; mais la crainte d'augmenter les dépenses, jointe à beaucoup d'autres causes, les ayant fait rejeter, voici celles que je soumets au calcul & à l'attention des Personnes sensées.

1°. Commencer par faire le dénombrement des Noirs qui composent les différents atteliers de la Colonie.

2°. Enjoindre à l'Habitant qui auroit cent Nègres, d'en distraire un certain nombre pour l'exécution du Canal projetté. Celui qui en auroit quatre-vingt, en fourniroit moins, ainsi de suite, à raison des forces & des moyens de l'Habitant.

3°. Les Habitants dont la foiblesse ne permettroit pas d'assujettir une partie de leurs Nègres à la loi générale, ou qui seroient trop éloignés du Chef-lieu, payeroient une contribution fixée par l'Administration, laquelle, mise en masse, seroit employée à payer des Nègres de journée qui les remplaceroient. (1) Ce moyen ne dérangeroit aucunement l'ordre des choses ; mais il faut qu'il soit employé strictement, c'est-à-dire, suivant les forces & les ressources de l'Habitant foible ou éloigné, car je ne prétends pas ici que l'on écrase le pauvre pour contribuer à l'avantage du riche.

4°. L'Habitant qui contribueroit, par ses Nègres ou par argent, à l'exécution du Canal, auroit droit d'y réclamer une concession ; mais il seroit tenu d'armer ses Noirs d'outils nécessaires à ce travail, comme Serpes, Pelles ou Bêches, desquels l'Administration lui tiendroit compte, en lui remettant ses Esclaves.

5°. En attendant la réunion des Nègres recensés, l'Administration s'occuperoit préalablement de faire

---

(1) Dans presque toutes les Colonies, on trouve des Particuliers qui possèdent quarante Noirs, plus ou moins, & qui ne cultivent pas un pouce de terre ; parce qu'ils aiment mieux mettre leurs Nègres à la journée ou les affermer, que d'être Agricoles & augmenter les richesses de la Colonie : aussi sont-ils plus riches & plus fainéants que ceux qui travaillent. Peut-on appeller de pareils gens des Colons ?

élever, aux environs de l'endroit désigné pour l'ouverture du Canal, un grand Carbet, ou Case, dans lequel seroit le logement des Employés blancs & le magasin des vivres que l'on distribueroit journellement aux Nègres, bien entendu qu'ils seroient fournis par le Gouvernement qui doit le premier contribuer, par des encouragements, à la prospérité de ses Possessions, & à la fortune des Citoyens. Il est inutile, je pense, de faire remarquer qu'il faut également élever plusieurs Carbets pour le logement des Nègres employés.

6°. Comme l'Habitant, quoique porté de bonne volonté, ne voudroit pas risquer ses Esclaves sans une garantie assurée, il est indispensable que l'Administration fasse estimer les Nègres qui seront destinés à ce travail, & qu'elle réponde du prix de l'estime, en cas de mort ou d'accident qui pourroit l'occasionner. Cet arrangement doit être fait convenablement, & sans donner de suspicion à l'Habitant.

Et 7°. Sa Majesté seroit suppliée d'accorder, pour accélérer les travaux du Canal, le cinquième des Negres qu'elle possède dans l'Ile de Cayenne, laquelle peut contenir environ quatre cents Noirs.

Ainsi, en supposant qu'on réunisse deux cents Nègres valides pour ce travail, il est certain que le Canal se feroit avec peu de dépenses & en très-peu de temps. L'usage de la Colonie, qui est de donner la tâche aux Nègres, avanceroit infiniment cette opération que je regarde comme sans entraves, car ils ne rencontreroient point, comme dans les autres Terres-basses, des Souches monstrueuses, & des Chicots qui consomment un laps de temps incalculable, avant de parvenir à les déraciner & à déblayer le terrain d'alentour, facilité qui feroit que l'ouvrage iroit rondement & sans interruption.

Ce travail pourroit, tout au plus, occuper quatre Blancs, ſavoir :

Un Ingénieur. (1)

Deux Commandeurs. (2)

Et un Garde-magaſin. (3)

L'Ingénieur traceroit ſes lignes, & les Commandeurs feroient pour les faire ouvrir & veiller aux tâches des Nègres ; le Garde-magaſin délivreroit journellement la ration aux Nègres employés. Tous les uſtenſiles néceſſaires à la cuiſſon, ou à la cuiſine des Blancs comme des Noirs, feroient fournis par le Magaſin général.

Il feroit néceſſaire, afin de ménager les Nègres des Habitants, de recommander précieuſement à l'Ingénieur qui dirigeroit ce travail, de ne donner que des tâches qu'ils puiſſent finir une heure avant le ſoleil couché, afin que le Nègre, quelquefois haraſſé de fatigues par le peu d'habitude à ce travail, puiſſe ou ſe repoſer ou ſe procurer les moyens d'augmenter ſa ration, reſſources qu'il trouveroit aiſément ſur les bords de la rivière de Mahury, très-poiſſonneuſe. Il y a en outre des Biches de Palétuviers, des Sarcelles & des Canards ſauvages qui ſerviroient à augmenter leur pitance, en leur donnant la permiſſion d'aller à la chaſſe.

Le Canal étant une fois exécuté, & les conceſſions délivrées, on enjoindroit aux nouveaux Habitants

---

(1) L'Ingénieur agraire & hydraulique, payé par le Gouvernement, pourroit être employé à ce travail, ſauf à lui donner une gratification, s'il l'a méritée.

(2) Les Commandeurs de l'Habitation du Roi, feroient de même employés, ſauf auſſi à leur donner une gratification aux mêmes conditions que ci-deſſus.

(3) On pourroit détacher un Commis du magaſin général, pour remplir cette fonction.

de cette partie, de réparer & entretenir le revêtement du Canal qui borderoit la face de son Etablissement, sous peine d'en faire faire les réparations à ses frais & dépens. D'après ce moyen, je conclus que le Canal seroit toujours en bon état, & ne coûteroit rien au Gouvernement pour son entretien.

www.ingramcontent.com/pod-product-compliance
Lightning Source LLC
Chambersburg PA
CBHW061005050426
42453CB00009B/1267